AF592452

# ДАИЩ И АЛЬ-ГАБРАА

СПЕКТАКЛЬ

Чтобы посмотреть театральную пьесу :
ДАИЩ И АЛЬ-ГАБРАА

Пожалуйста, используйте QR-код.

**Доктор Султан бин Мухаммад аль-Касими**

# ДАИЩ И АЛЬ-ГАБРАА

**СПЕКТАКЛЬ**

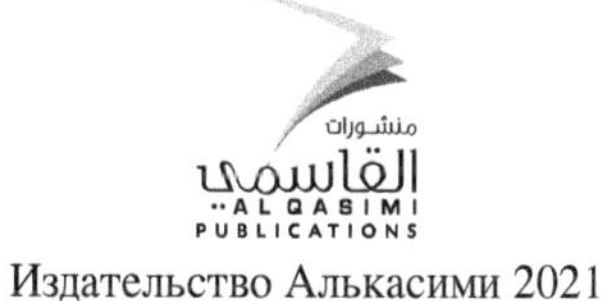


Издательство Алькасими 2021

ДАИЩ И АЛЬ-ГАБРАА
Доктор Султан бин Мухаммад аль-Касими
Первое русское издание, 2021
Все права охраняются законом
Издательство аль-Касими
Шарджа, ОАЭ

---

Перевод: Доктор Асим Альхалифа
Редакция: Куряев Юсеф Гаязович

---

Разрешение на печать: Национальный Совет по СМИ, Абу Даби, ОАЭ
Номер: MC-03-01-9069512, Дата: 15-07-2021

Шарджа, ОАЭ
Возрастная классификация: Е
Возрастная группа, совпадающей с содержанием
книги, квалифицированной с возрастной классификацией,
изданной Национальный Совет по СМИ
ISBN: 978-9948-469-43-8

---

Публикация Аль-Касими
п/я: 64009 Шарджа, ОАЭ
тел: +971 6 509 0000 факс: +971 6 552 00 70
ЭП: info@aqp.ae

# СОДЕРЖАНИЕ

## Театральные Персонажи

- Рассказчик
- Группа всадников
- Бану Зубьян:
- Группа всадников племени Бану Зубьян
- Хамль бин Бадр
- Друг (друг Хамля бин Бадра)
- Хузайфа бин Бадр (брат Хамля бин Бадра)
- Группа последователей Хамля и Хузайфы
- Один из последователей
- Бану Абс:
- Группа всадников племени Бану Абс
- Кайс бин Зухайр
- Авангарды Бану Абс
- Малик бин Зухайр (брат Кайса бин Зухайра)

- Голоса (группа)
- Всадник
- Звук азана
- Голос

## Место

- Регион аль-Касим (Аравийский полуостров), где у племени Гатафан есть две ветви, Абс и Зубьян.
- Пристанище Бану Зубьяна
- Пристанище Бану Абса

## Время

За пятьдесят лет до миссии Посланника Мухаммада (Да пребудет с ним мир и благословение).

## Первая Сцена

**Рассказчик**

**Место:** район аль-Касим, где находится племя Гатафан с его ветвями Абс и Зубьян.

**Время:** за пятьдесят лет до миссии Пророка Мухаммада (Да пребудет с ним мир и благословение).

*Пустынная степь за исключением одной бедуинской палатки.*

*Слышен стук лошадиных копыт по земле.*

*Из шатра выходят двое мужчин, один из них спешит к своим коню и готовится оседлать его. Это «аль-Габра» с его пыльным цветом, а его владелец - Хамль бин Бадр из плесени Бану Зубьян.*

*Издалека приезжает Кайс Ибн Зухайр из плесени Бану Абс на своем коне «Дахис», и молниеносно проезжает мимо Хамля бин Бадра и его друга.*

***Тут Хамль бин Бадр спрашивает своего друга:***

Кто этот человек?

**Друг:**

Это Кайс бин Зухайр, один из твоих двоюродных братьев из Бану Абса.

**Хамль бин Бадр:**

А что это за лошадь, в мгновении ока промчавшаяся мимо нас?

**Друг:**

Это его недосягаемая лошадь Дахис.

*Кайс бин Зухайр возвращается на своей лошади с горделивой походкой, пока не достигает двух мужчин, а затем слезает.*

***Кайс бин Зухаир, удивленно:***

Кто? Хамль бин Бадр аль-Зубьяни?!

**Хамль бин Бадр:**

Доброе утро, кузен!

**Кайс бин Зухайр:**
Что это за прекрасная лошадь?

**Хамль бин Бадр:**
Это аль-Габра. Бега, в которых она участвует, не проигрывает.

**Кайс бин Зухайр:**
Я не думаю, что она обгонит Дахис.

**Хамль бин Бадр:**
Ты поставишь ставку?

**Кайс бин Зухаир:**
А что мне поставить?

**Хамль бин Бадр:**
Сто верблюдов победителю.

**Кайс бин Зухайр:**
Я согласен!

**Хамль бин Бадр:**
Договорились!

**Кайс бин Зухайр:**
Договорились!

*Мужчины пожимают друг другу руки.*

**Хамль бин Бадр:**

Когда начинается гонка?

**Кайс бин Зухайр:**

Завтра утром.

*Каждый из них оседлал своего коня, и они показали ловкость своих лошадей, а затем каждый из них направился домой.*

**Рассказчик:** Кайс бин Зухайр отправился к пристанищу Абса. Хамль бин Бадр отправился к пристанищу Зубьяна. Каждый из них сообщит соплеменникам об этом соглашении.

## Вторая Сцена

**Место:** Финиш.

**Рассказчик:** Соревнование началось несколько дней назад. Дистанция большая. Кони скачут по пустынным ущельям и лесам. Авангарды племени Бану Зубьян двигаются с запада. Впереди скачет Хамль бин Бадр вместе со своим братом Хузайфой. Рядом с ними группа их последователей.

**Один из последователей:**

О Хамль бин Бадр, когда ожидаешь появления лошадей.

**Хамль бин Бадр:**

Через недолгое время.

***Потом поворачивается к своим последователям и говорит:***

Я хочу, чтобы вы спрятались в тех недалеких ущельях. Если вы увидите, что Дахис опережает аль-Габру, то отпугните ее, чтобы аль-Габра обогнала. Давайте, торопитесь!

***Последователи уходят. Несколько человек остается с Хамлем бин Бадром и его братом Хузайфой.***

**Рассказчик:** Авангарды Бану Абс приближаются с востока. Впереди скачет Кайс бин Зухейр аль-Абси со своим братом Маликом.

**Голоса, все громче:**

Прибежала аль-Габра! Прибежала аль-Габра!

*Действительно, аль-Габра прибежала к финишу.*

*Бану Зубьян начали поздравлять Хамля бин Бадра.*

***Через некоторое время прибежала и Дахис, и направилась к скоплению Абса. Ее всадник крикнул:***

Я был впереди. Но некоторые люди из Бану Зубьяна прятались в ущельях и отпугнули лошадь

Дахис, чтобы лошадь аль-Габра вышла вперед.
Это - предательство, измена и обман.

**Рассказчик:** Хузайфа бин Бадр аль-Зубьяни дерзким образом говорит:

О Кайс бин Зухайр, вы предатели и обманщики.

**Рассказчик:** Хузайфа бин Бадр приближается к Кайсу бин Зухайру, и он повторяет эти слова:

Вы предатели и обманщики. Вы предатели и обманщики.

**Кайс Ибн Зухайр:**

Отойди, о Хузайфа бин Бадр.

**Рассказчик:** Но Хузайфа бросает вызов Кайсу бин Зухайру.

*Они схватываются в поединке. Кайс бин Зухаир напал на Хузайфу и убил его.*

***Бану Зубьян громком закричали:***

Хузайфу бин Бадра, брата Хамля бин Бадра убили!
Хузайфу бин Бадра убили!

**Рассказчик:** В это время племя Зубьян напала

на племя Абса. И произошла драка, в которой был убит Малик бин Зухайр, брат Кайса бин Зухайра.

***Бану Абс громкозакричали:***

Убили Малика бин Зухайра, брата Кайса бин Зухайра! Малик бин Зухайр убит!

**Рассказчик:** Бану Абс подняли мертвого Малика бин Зухайра и направились к пристанищу Бану Абса. А Бану Зубьян подняли мертвого Хузайфу бин Бадра и направились к пристанищу племени Бану Зубьян.

*Слышны рыдания на похоронах.*

## Третья Сцена

**Рассказчик:** Войны между Абсом и Зубьяном продолжались сорок лет. А это одна из войн.

*Группа из Бану Абса продвигается с Востока, а группа из Бану Зубьяна – с Запада.*

*Одежда обеих групп была цветной, но их подкладка – белой.*

*А также подкладка повязок на головах были из белой ткани.*

*И начинается битва. И слышны звоны мечей и ржание коней.*

*В это время поднимается призыв к молитве:*

**Голос Азана:**

***Аллах Велик! И так до конца призыва на молитву.***

*А пока призыв к молитве продолжается, мечи поднимаются, а затем вонзаются в землю, и люди преклоняются на коленях перед мечами.*

*Не успевает призыв на молитву закончиться, как мужчины переворачивают свои одежды, делая белую подкладку снаружи, а также головные повязки становятся белыми.*

*И так мужчины оставляют свои мечи на земле и направляются к Кибле, подняв руки для мольбы.*

**Группа мужчин:**

Аллах превелик! Восславляем Аллаха утром и перед закатом!

*Мольба завершается до конца.*

*Раздается голос, прерывающий эту мольбу.*

**Голос:**

**О люди,** Пророк (мир ему и благословение Аллаха) сказал:

Не из нас тот, кто призывает к асабие[1].

Не из нас тот, кто сражается ради асабии.

Не из нас тот, кто умирает ради асабии».

**О люди,** Пророк (мир ему и благословение Аллаха) говорит:

«О люди, Всевышний Аллах снял с вас бремя джахилии и уничтожил вашу гордость друг перед другом из-за ваших отцов. Люди делятся на две категории: добрые и богобоязненные, которые дороги Аллаху, и несчастные грешники, ничтожные перед Аллахом. Все люди – потомки Адама (мир ему), а Всевышний Аллах создал Адама (мир ему) из земли».

**О люди,** Пророк (мир ему и благословение Аллаха) говорит:

«Ваша кровь, имущество и честь святы и неприкосновенны так же, как святы этот день, этот месяц и эта земля до того дня, когда вы встретите своего Господа. Довел ли я?» Люди сказали: «Да». Он сказал: «О Аллах! Будь свидетелем! Пусть присутствующий доведет до отсутствовавшего, ведь сколько из тех, кому рассказали, примут слова лучше, чем слышавшие напрямую?! Не становитесь после меня неверными, которые рубят друг другу головы!»

1- Асабаия – этот термин в арабском языке означает поддержание своей нации или племени в несправедливости притеснении других.

*Мужчины выстраиваются в строй, словно они одно прочное строение. И они идут вперед, размахивая мечами повторяя:*

Аллах велик! Аллах велик! Нет бога, кроме Аллаха!

Аллах велик! И хвала Аллаху!

И слава Аллаху утром и перед закатом!

Нет бога кроме Аллаха Единого.

*Воистину, нет сомнений в правдивости обещаний Аллаха. И Он даровал победу Пророку, мир Ему, и враги терпят поражение.*

***Нет бога, кроме Аллаха, и мы поклоняемся только Ему, верными Его религии, даже если неверующие ненавидят.***

www.ingramcontent.com/pod-product-compliance
Ingram Content Group UK Ltd.
Pitfield, Milton Keynes, MK11 3LW, UK
UKHW021959190726
13853UKWH00004B/1613

9 789948 469438